D1729067

© 2005 Norina Woelke, Am Steinbruch 13,
97837 Tiefenthal

Alle Rechte liegen bei der Autorin
Herstellung und Verlag: Books on Demand GmbH,
Norderstedt

ISBN: 3-8334-3095-8

Bildnachweis: Alle Fotos sind von Norina

Norina

Weißt du, dass auch Pflanzen reden?

Norinas Gespräche mit der Natur

Irisia

Gehen wir mit Liebe, Freude
und Achtung in die Natur

und sind uns der göttlichen Gegenwart
bewusst

dann schenkt sie sich uns in all ihrer

Schönheit, Liebe und Fülle.

Inhalt

Vorwort

Seit meiner Kindheit liebe ich die Natur; neben den Tieren besonders die Bäume und die faszinierende Welt der Wildblumen und Heilpflanzen.

Aus eigenem Antrieb lernte ich schon früh ihre Namen und ihre besonderen Merkmale. Bäume konnte ich sogar im Winter an ihrer Rinde und ihrem Wuchs unterscheiden.

Da ich auf dem Land aufwuchs, durfte ich stundenlang draußen herumstreifen oder ich legte mich unter einen großen schattigen Baum, träumte und schaute den Wolken zu, die sich immer wieder zu neuen Bildern zusammenfügten. Viele Stunden konnte ich damit verbringen, an den bemoosten Wurzeln alter Bäume Zwergenwohnungen und kleine Gärten zu gestalten.

Ich kann mich nicht erinnern, als Kind Naturwesen gesehen zu haben, aber ich war mir ihrer Anwesenheit an besonders schönen Orten immer bewusst.

In der Kindheit nahm ich die Kräfte der Bäume sicher noch unbewusst wahr. Später spürte ich dann ihre Energien, wenn ich sie mit meinen Handflächen berührte oder mich mit dem Rücken an einen Baum lehnte. Dann empfand ich den Energiestrom in meinem ganzen Körper und Freude und Leichtigkeit erfüllten mich.

Wenn ich einmal traurig oder erschöpft war, ging ich zu einem starken Baum und bat ihn um Kraft, die er mir dann auch bereitwillig schenkte. Anschließend bedankte ich mich und erlebte eine tiefe innere Verbindung wie zu einem guten Freund.

So lernte ich die Bäume immer besser kennen und erlebte ihre unterschiedlichen Energien. Die Energie verschiedener Bäume fühlt sich jeweils etwas anders an und jede Baum- oder Pflanzenart spricht unterschiedlich ihrer Art gemäß. Bald hatte ich einige Lieblingsbäume, die mir besonders nah waren.

Die energiereichsten Bäume stehen oft allein oder in kleinen Gruppen, wo sie ihre Kronen frei entfalten können. Viel Kraft geht von sehr alten, noch gesunden Bäumen aus, die meist in Parks oder großen Gärten zu finden sind.

Eines Tages bemerkte ich, dass ich die Empfindungen der Bäume aufnehmen, ja sogar ihre Sprache verstehen konnte. Bäume, ebenso wie andere Pflanzen haben Teil am kollektiven Bewusstsein ihrer Art, so dass ihnen großes Wissen und hohe Weisheit zur Verfügung stehen.

Heute spricht die ganze Natur zu mir; ich kann die Botschaften von Pflanzen, Wasser, Felsen oder auch Landschaften empfangen. Aus den Gesprächen mit der Natur entstand dieses Buch.

Solche Erlebnisse und Gespräche kann ich nicht willkürlich hervorrufen. Sie geschehen entweder, wenn ich mich mit dem Geist, dem Bewusstsein, eines Lebewesens verbinde oder sie geschehen auch nicht. Im Laufe der Zeit musste ich erst lernen, die Dinge, die ich sehe, höre oder empfinde, als Wirklichkeit zu akzeptieren und nicht als Gedanken, Täuschungen und Phantasien abzutun.

Je mehr ich lernte, meiner Intuition zu vertrauen, um so öfter und um so mehr durfte ich teilhaben an den Wundern der Natur und um so tiefer und intensiver durfte ich die herrliche Schöpfung Gottes erleben.

Einleitung

Es gab einmal eine Zeit, als die Menschen noch nicht in großen Städten wohnten, sondern in der Natur und das Leben von ihrem natürlichen Rhythmus bestimmt wurde, da lebten sie im Einklang mit den Naturreichen. Sie wussten, dass Wasser, Luft und Erde, Felsen, Bäume und jede noch so kleine Pflanze eine Seele haben, mit der sie kommunizieren konnten.

Dieses Wissen ist im Laufe der Jahrhunderte, in denen sich die Menschen immer mehr auf ihren Intellekt und den technischen Fortschritt ausrichteten, verloren gegangen. Nur wenige intuitive Menschen, die oft als „Spinner" verspottet wurden, hielten den Kontakt zur Natur und zur Mutter Erde aufrecht.

In unserer modernen Zeit, in der die Natur immer mehr zurückgedrängt und bedroht ist, kommt das alte Wissen durch mit der Natur in Verbindung gebliebene Völker wieder zu uns zurück und wird von vielen modernen Menschen als Wahrheit erkannt.

Die weisen Männer und Frauen der Indianer wissen, ebenso wie viele andere Naturvölker, die ihr altes Wissen lebendig erhalten haben, dass der kleine Stein ebenso wie Felsen und

Berge, die kleinste Pflanze so wie der große Baum, der ganze Wald, ja die ganze Natur, beseelt sind.

Sicher hat der eine oder andere Leser auch schon mal bemerkt, dass verschiedene Plätze auf der Erde unterschiedliche Ausstrahlungen haben.

Jeder Platz hat seinen Geist, seine Seele. Einige davon können uns als Kraftquelle dienen, oder sie ziehen uns an, um dort zu verweilen und den Verstand ruhig werden zu lassen, sie fördern die Konzentration oder die Meditation. Andere wiederum schenken uns einfach Freude. Wir spüren, wie unser Herz leicht und frei wird.

So möchte ich mit diesem Buch auch anregen, eigene Erfahrungen zu machen. In unserer Zeit der immer weiter fortschreitenden Umweltzerstörung brauchen wir ganz besonders Menschen, die sensibel auf die Natur lauschen, ihre Energien spüren, ihre Botschaften empfangen und wieder mehr und mehr im Einklang mit der Schöpfung leben.

Die Weisheit der Natur

Etwa zur gleichen Zeit, als meine Kommunikation mit Gott begann, bemerkte ich „zufällig", dass ich auch die Sprache der Pflanzen verstehen konnte.

Ich hatte einen Ableger einer Zimmerbegonie in ein Wasserglas gestellt zum Wurzeln treiben. Als ich eines Nachmittags an ihm vorbeiging, bemerkte ich, dass der Ableger sehr kraftlos aussah und blickte ihn nachdenklich an. Da hörte ich deutlich in mir: „Nimm mir die unteren großen Blätter ab, sonst schaffe ich es nicht."

Die Pflanze hatte gesprochen und mir gesagt, wie ich ihr helfen konnte!

Nachdem ich die beiden unteren Blätter mit einem scharfen Messer abgetrennt hatte, dauerte es nur kurze Zeit, bis der kleine Ableger kräftig wurde und viele starke Wurzeln bildete. Inzwischen ist aus ihm eine große prachtvolle Pflanze geworden.

Die ganze Natur ist belebt, weil in allem der göttliche Geist, die göttliche Kraft wirkt. Es gibt nichts außerhalb von Gott. So kann Sein

Geist durch Pflanzen, Tiere, Wasser und Felsen zu uns sprechen, wenn wir uns in Liebe damit verbinden.

Gott sagte mir dazu an drei kurz auf einander folgenden Tagen im Frühling:

„In der Natur ist viel Weisheit. Alles wächst und bewegt sich nach einem weisen göttlichen Plan.

Auch ihr seid ursprünglich in diesem Plan gewesen, als schönstes Glied in der göttlichen Schöpfung. Doch ihr seid herausgefallen, als ihr den Intellekt über die Weisheit der Empfindung gestellt habt.

Einigen ist dieser Zugang zur Sprache der Natur immer offen geblieben, wenn sie es auch lange Zeit im Geheimen tun mussten.

Heute streben mehr und mehr Menschen danach, die Trennung zu überwinden und wieder Zugang zur Weisheit der Natur zu finden.

Ihr könnt es wieder lernen, wenn ihr eure lauten Gedanken zum Schweigen bringt und euch mit liebevollen Empfindungen den Naturreichen nähert.

Jedes kleinste Teil der Schöpfung will zu euch sprechen, sehnt sich nach der Kommunikation mit dem Menschen, dem höchsten Schöpfungswesen auf der Erde."

Einige Tage später sprach der göttliche Geist weiter:

„In der Natur liegt große Weisheit, die Weisheit Meiner Schöpfungsenergie. Auch ihr seid Teil der Natur. Daher ist auch die gleiche Weisheit in euch, doch sie ist seit Jahrhunderten mehr und mehr verschüttet durch eure Betonung des Intellekts. Das Wissen liegt noch in euch, ihr könnt es wieder entwickeln. Es ist die Intuition und die Herzenskommunikation. Wenn ihr euch täglich übt, euch mit der Natur oder mit Teilen der Natur zu verbinden, erwacht das alte Wissen wieder in euch und ihr könnt es nutzen. Ihr wisst dann, was gut und was weniger gut für euch ist, was euch heilt, was euch schadet. Ihr könnt reifen, indem ihr den Rhythmus und die Weisheit der Natur erkennt und in euer Leben integriert. Wenn ihr wieder im Rhythmus der Natur lebt, heilen viele Schäden in euch und in der Natur. Alle Naturreiche sehnen sich nach eurer Zuwendung."

Als Hilfe, wie ich mit der Natur in Verbindung treten sollte, gab Gott mir diese Hinweise:

„Geh mit deinen Empfindungen hinein in das Tier oder die Pflanze, dann erlebst du sie von innen, ihr inneres Wesen. Du bist Teil von Tier und Pflanze und sie sind Teil von dir. So kannst du dich auch mit ihrem Inneren in deinem Inneren verbinden."

Über Ostern hatte ich auf der Insel Mainau mit einigen anderen Künstlern zusammen eine Ausstellung. Wenn ich nicht gerade Aufsicht in den Ausstellungsräumen hatte, erfreute ich mich an den vielen Frühlingsblumen und vor allem an den herrlichen alten Bäumen auf der Insel. Ich fühlte mich sehr wohl auf der Mainau und spürte eine besonders erfrischende, belebende Energie dort.

Da erklärte mir der Gottesgeist:

„In den Bäumen, die schon Jahrhunderte überdauert haben, ist große Weisheit und viel Kraft. Sie durchströmen ihre Umgebung mit ihrer Energie. Auch ihr könnt ihre Energien spüren, wenn ihr euch sensibel mit ihnen verbindet.

Viele dieser alten Baumriesen haben eine positive Kraft für die ganze Erde. Sie sind Antennen für kosmische Kräfte, die sie in die Erde und in die erdnahen Luftschichten strahlen.

In der Umgebung von alten Bäumen könnt ihr auftanken, neue Kräfte schöpfen. Hektik und Unruhe, Ängste und Sorgen weichen dort einer ruhigen Gelassenheit und neuer positiver Kraft. Deshalb zieht es gerade ältere Menschen in Parks und Wälder mit altem Baumbestand. Unbewusst oder bewusst spüren viele den Zustrom frischer Lebenskraft an diesen Plätzen."

Ein anderes Mal hörte ich den Göttlichen Geist in mir:

„Liebe das Leben, dann liebst du auch Mich, das Leben, also alles Lebendige. Verbinde dich im Herzen mit allem, was ist. Lass dein Herz strömen. Dann erlebst du die Natur noch tiefer, vollständiger. In allem ist das vollkommene Leben und damit auch die Weisheit. Es gibt nichts Unbewusstes, alles hat Bewusstsein, alles hat Leben, alles schwingt in Mir. Alles schwingt zusammen, miteinander zur großen Symphonie, die Ich bin. Sing freudig mit in dieser Natursymphonie. Der Gesang, der Klang verbindet in Freude und Harmonie miteinander. Trau dich, in der Natur zu singen oder zu summen und die Natur wird mit einstimmen, jeweils mit ihrem hörbaren oder stillen Klang. Wenn du singst, werden die Naturwesen tanzen."

Bäume sprechen zu mir

Aus beruflichen Gründen reise ich viel. Dabei komme ich oft auch an besonders schöne und kraftvolle Orte, wie den Kurpark von Baden-Baden.

Während einer Ausstellung dort ging ich morgens und abends durch den Park und bewunderte die herrlichen Bäume. Eines Morgens stellte ich mich unter einen mächtigen Mammutbaum, lehnte meinen Rücken an den Stamm und berührte ihn mit meinen Handflächen, um seine Energie zu spüren. In mir stiegen Empfindungen von tiefer Ruhe, unendlicher Zeit und Gelassenheit auf. Die Gedanken an den vor mir liegenden Tag fielen von mir ab, und ich hörte deutlich in mir:

„Das Tagesgeschehen ist unwichtig aus der Sicht des unendlichen Lebens."

Der Baum hatte zu mir gesprochen! Ich hatte seine Energie als Worte empfangen. Freude erfüllte mich. Weil diese Kommunikation mit einem Baum überraschend und neu für mich war, ging ich zu einer Trauerbuche und probierte, ob sie wohl auch zu mir sprechen würde.

Wieder spürte ich, als ich mich mit seinem Geist verband, die besondere Kraft des Baumes, als wenn er mir Energie für den anstrengenden Tag spenden wollte und hörte:

„Die Kraft liegt in der Ruhe und der inneren Sammlung."

Nun wandte ich mich noch einem dritten Baum zu, einer herrlichen hohen Fichte. Ich spürte ihre sanfte Kraft, fühlte mich eingehüllt in ihre Liebe und hörte:

„Ich strebe empor zum Licht! In mir ist Licht und Kraft."

So können Bäume also wirklich sprechen, und ich kann ihre Botschaft empfangen. Mit großer Freude ging ich zu meiner Ausstellung und spürte die Kraft der Bäume während des Tages in mir, wenn ich an sie dachte.

Wie meine ersten Gespräche mit Gott waren auch die Botschaften der Bäume zunächst kurz. Mit etwas Übung und mehr Vertrauen wurden sie bald länger und ausführlicher.

Ein hoher alter Nadelbaum auf der Insel Mainau:

„Aufrecht im Leben stehen, allen Stürmen ruhig und gelassen Stand halten, das stärkt die Seele und gibt Gelassenheit. Nicht von außen erschüttern, sondern im Inneren bewegen lassen."

Eine Zeder:

„Die Ruhe und Gelassenheit der immer wiederkehrenden Zeitabläufe ströme ich dir zu. Sie geben Festigkeit und wärmende Kraft."

Ein Spitzahorn:

„Lass dich durchströmen von der mächtigen Kraft, die in mir ist und die ich mit dir teile. Lausche auf den Wind, der in meiner Krone mit den Blättern spielt, horche auf das Wispern und Rauschen und fühle die Einheit mit mir als Kraft und Freude in dir."

Am Walnussbaum in meinem Garten:

„Bäume bewahren und schützen und geben Kraft. Wir sind verbunden mit den Energien der Erde und des Himmels und verbinden beide.

Durch die Krone strahlen wir die Energie des Kosmos auf die Erde. Die Erdenergie steigt über die Wurzeln und den Stamm empor und verströmt sich dann über unsere nähere Umgebung."

Von diesem Nussbaum hörte ich an einem anderen Tag, dass er das Haus und seine Bewohner vor den Strahlen eines starken Sendemasten schützt, der etwa zwei Kilometer Luftlinie entfernt steht und direkt auf das Haus strahlt.

Trauerbuche im Baden-Badener Kurpark:

„Mit mütterlicher Liebe umfange ich dich und freue mich, dass du wieder zu mir gekommen bist. Spüre die Liebe in dir, die ich dir zuströme. Sie möchte dich ganz durchströmen und erfüllen und in dir bleiben. Sie ist Teil der All-Liebe, der Liebe des Schöpfergottes zu all seinen Geschöpfen."

Diese schöne alte Buche mit ihren weit herabhängenden Zweigen besuche ich besonders gern. Sie wurde mir immer vertrauter. An einem anderen Tag sprach sie zu mir:

„Überlass dich dem Strom des Lebens, gib dich ihm ganz hin und lass dich wie von sanften Wellen tragen. Lass dich tragen ohne Widerstand. Jeder Widerstand macht Krisen und macht es schwer. So wie ich dich hier umhülle mit meinen Ästen, Zweigen und Blättern, bist du umgeben vom göttlichen Schutz. Schwimme frei in diesem Schutz, gib dich hin und gib, wo immer du spürst, dass deine Hilfe ankommt."

Als ich ein Jahr später wieder in Baden-Baden war, besuchte ich „meine" Trauerbuche wie eine liebe alte Freundin. Wenn ich mit diesem herrlichen Baum kommuniziere, empfinde ich immer mütterliche Geborgenheit, Güte, tiefe innere Nähe und Vertrautheit.

„Ich grüße dich, meine lichte Schwester und umfange dich mit meiner Kühle und meiner Kraft. Ich habe auf dich gewartet und habe dich nun zu mir gezogen. Viele Menschen sehe ich vorübergehen Tag für Tag, Jahr für Jahr. Nur wenige nehmen mich bewusst wahr und noch weniger nehmen Kontakt zu mir auf. So freue ich mich über jeden, der, mit feinen Sinnen ausgestattet, die Kommunikation mit mir aufnimmt. Wir erkennen euch an eurem Licht, eurer Strahlung und rufen euch still in eurem Inneren zu uns.

Gesegnet sind die, die die feinen Kräfte der Natur spüren und ihre Stimme vernehmen. Denen können wir unsere Kraft, auch unsere Heilkräfte, schenken. Ihr spürt Ruhe und Gelassenheit in euch, wenn ihr einige Zeit in unserer Aura verweilt und bewusst die Verbindung zu uns pflegt. Öffnet euch immer mehr für die Schwingungen der Natur. So findet ihr in die Einheit mit allem Sein und entwickelt die feinen und edlen Aspekte in euch. Lass alle Gedanken los, wenn du in die Natur gehst. Wenn deine Gedanken schweigen, können wir zu dir sprechen, und du kannst uns verstehen in dir."

Als ich einmal starke Zahnschmerzen hatte, gegen die medizinische Maßnahmen nicht halfen, dachte ich an „meine Schwester" Buche und bat sie um Hilfe. Obwohl in der Realität (was ist Realität?) 250 km entfernt, war ich plötzlich in der Buche. Ich sah ihre Rinde außen um mich herum und fühlte und sah meinen Körper im Stamm und meine Arme in den Ästen. Die Zahnschmerzen waren nun nicht mehr so heftig, ich konnte sie ertragen.

Als ich einige Monate später meine Buche besuchte, hatte sie eine frische Verletzung am Stamm, aus der Baumharz austrat. Ich war tief berührt von diesem Anblick, denn mir erschien es, als hätte die Verletzung die Form eines Zahns mit Wurzel und als hätte meine Freundin, die Buche, einen Teil meiner Schmerzen übernommen.

Blutbuche im Kurpark Baden-Baden:

„Sternenglanz der Ewigkeit umgibt dich. Umarme mich und spüre die Verbundenheit mit mir und mit der ganzen Schöpfung. Spüre in der Verbindung die Kräfte dich durchströmen. Löse dich von der Erdenschwere und tanze unter dem Regenbogen den Tanz des Lebens. Löse dich von allen Fesseln und werde frei. Ergreife das Glück der Freiheit. Niemand fesselt dich außer du dich selbst durch deine Gedanken. Sei ein freies Schöpfungskind unter dem Sternenglanz."

Esche an der Oos:

„Vom Urbeginn der Zeiten bin ich verbunden mit dem Wasser, der Luft und der Erde. Sie sind meine Elemente. Ich hole das Wasser aus der Tiefe der Erde und spende es in feinster Form über die Luft als reinigende Energie für Mensch und Tier. Viele spüren es und suchen den geschützten Raum unter meinen weit ausladenden Ästen und Zweigen auf, um sich zu erquicken.

Spüre den Lufthauch und die Kühle unter meinem Blätterdach. Es ist ein Dom der Natur und der Naturreiche."

Eichen auf dem Battertfelsen:

Eine hohe alte Eiche wächst auf einem Felsen. Seine Wurzeln umspannen den Felsen und gelangen erst auf Umwegen in die Erde.

„Alles ist eins. Es gibt keine guten oder schlechten Standorte. Ich wachse da, wo ich hingestellt bin und bin zu einem mächtigen starken Baum geworden. Es ist nicht der Standort, der über Wachstum oder Schwäche entscheidet. Mein festes Holz schmiegt sich sanft und weich um und an den harten, kantigen Felsen. So können wir miteinander leben."

Eine andere Eiche, die auf der Höhe des Battertgebietes auf einer freien Fläche wächst, von der aus man weit in die Landschaft blicken kann:

„Ich stehe frei und ströme still die kosmischen Energien über meine Äste nach Ost und West, Süd und Nord. Es sind die Kräfte der Ausdauer, Beständigkeit und Festigkeit. So stelle ich mich allen Stürmen entgegen, halte ihnen Stand, ohne zu wanken und werde immer stärker daran."

Feston-Allee aus Linden:

Während eines Ostseeurlaubs besuchte ich den Park von Schloss Bothmer, der berühmt ist für seine Feston-Allee aus Linden.

Zu beiden Seiten des Weges stehen in gleichmäßigem Abstand Linden, die so geschnitten und gebunden wurden, dass die Äste der Bäume in Bögen oder Girlanden miteinander verbunden sind. Sie konnten keine natürliche Krone bilden, sondern wurden von der Mitte aus nach beiden Seiten auseinander gezogen. Dadurch waren einige Baumstämme sogar in zwei Hälften gerissen und ihr Holzkern, der nicht mehr durch die Rinde geschützt war, faulte und war morsch.

Ich spürte, dass es diesen Bäumen nicht gut ging, dass sie unter der Willkür eines menschlichen Schönheitsideals litten und hörte:

„Jedes Lebewesen sollte nach seiner Art wachsen und sich entfalten dürfen. Ständiger Zwang und steter Zug in verschiedene Richtungen reißt Mensch wie Baum aus seiner Mitte, reißt ihn entzwei, schwächt seine Energie und verkürzt sein Leben."

Eine Sumpfzypresse im Botanischen Garten, Würzburg:

„In mir ist das ewige Leben wie in dir. Ich strebe zum Licht und bin doch in der nährenden Erde fest verwurzelt. Die Kraft aus dem feuchten Boden durchströmt mich und strömt als feiner würziger Duft und als spürbare Energie in die Atmosphäre, die mich umgibt.

Fein und biegsam halte ich jedem Lebenssturm stand. Ich bewege mich im Rhythmus der Energien, die auf mich einwirken."

Junge Linde:

„Betrachte mich: Ich bin lind und fein. Meine Blätter haben die Form eurer Herzen. Bei euch Menschen ist das Herz das Organ der inneren Kommunikation.

So bin ich ein Baum, der die Kommunikation fördert. Früher versammelten sich die Menschen unter den großen alten Lindenbäumen um zu tanzen, zu feiern und zu sprechen, also um die Gemeinschaft zu pflegen.

Diese Sitte wird in eurer Zeit nicht mehr gepflegt, doch Linden fördern auch heute noch die Begegnung, die Kommunikation unter den Menschen.

Wir strahlen diese Eigenschaft aus. Sie wirkt als Qualität über die Atmosphäre auf die Menschen ein und verbindet die Herzen miteinander. Linden sind fröhlich und vertreiben die Einsamkeit. Ältere, einsame oder traurige Menschen sollten sich deshalb öfter auf eine Bank unter einer Linde setzen, und sie werden spüren, wie Freude und Liebe in ihre Herzen einzieht."

Birke im Spessart:

„Licht und fein strecke ich meine Äste und Zweige dem Himmel entgegen.

Ich bin durchströmt vom Licht des Himmels und von der Kraft der Mutter Erde. So stelle ich eine Verbindung her zwischen Himmel und Erde, zwischen der Materie und dem Äther. Freudig und leicht stehe ich hier und bewege meine Zweige tanzend im Wind, anmutig und mädchenhaft.

Spüre meine Leichtigkeit und Freude dich durchströmen. Die mädchenhafte Anmut und Leichtigkeit verbindet mich mit dir. Sie ist auch in dir, und ich mache sie dir bewusst."

Zwillingsahorn in der Nähe von Baden-Baden:

Dieser Baum besteht eigentlich aus zwei Bäumen, die so dicht stehen, dass ihre Stämme zusammengewachsen sind.

„Fest verwurzelt in der Erde können wir unserem Schicksal nicht entfliehen. Wir nehmen es an, so wie es ist und leben in Harmonie miteinander. Es gibt keine Trennung, alles ist eins. So sind auch wir aus zwei Schösslingen zu einer Einheit zusammen gewachsen. Wir wissen es nicht mehr, wo der Eine aufhört und der Andere anfängt. Wir sind eins geworden. In Geduld dulden wir, was uns bestimmt ist und wachsen zur Ehre des großen Schöpfergeistes, der uns ständig mit seiner Liebe umfängt."

Esche an der Oos:

„Die Wasser des Lebens umströmen und durchströmen mich. So bin ich im Fluss des Lebens – der Lebensbaum.

Meine Kraft steigt aus der Erde über die Wurzeln empor. Sie durchströmt jede Zelle meines pflanzlichen Körpers. Ich ströme sie weiter in meine Umgebung und zu jedem, der sich mir bewusst und offen nähert. Meine

Kraft ist Erdung und Schutz, tiefe Ruhe und Geborgenheit in der Allkraft der Natur. Unter meinen Zweigen fällt alle Unrast der Welt von euch ab. Ihr findet zur inneren Ruhe und Verbindung zu eurem Inneren und zu euren Wurzeln, zu der Kraft, die ihr mitgebracht habt, die euch gehört von Anbeginn aller Zeiten an.

Symbolisch trage ich die Welt auf meinen breiten, weit ausladenden Ästen und biete Schutz allen, die in der Welt schutzlos sind. Findet zum Schutz in eurem Inneren, dem einzig wahren Schutz, den ihr habt, den niemand euch nehmen kann."

Unter dieser Esche traf ich öfter soganannte „Landstreicher" oder „Tippelbrüder", freundliche Obdachlose. Sie lagerten unter dem Baum im Schatten der weit ausladenden Krone, tranken ihr Bier, unterhielten sich und sprachen mich manchmal auf lustige, gar nicht aufdringliche Art an.

Ich merkte, daß auch sie, auf ihre Weise, in Verbindung mit der Natur lebten. Vielleicht spürten sie halb unbewußt den Schutz, den diese schöne Esche ihnen gab.

Hohe Fichte mit weit herabhängenden Zweigen,
die eine fast undurchsichtige Laube bilden:

„Schwester Mensch, lass alle Gedanken und
Unruhe des Tages los und spüre meine Ruhe,
die tiefe Stille, die in mir strömt. Lass dich
umfangen von dieser Stille. Sie schirmt dich
ab, schenkt dir Geborgenheit, führt dich ins
Innere, zum Wesentlichen, das nicht in der
äußeren Welt zu finden ist.

Nur in der Abschirmung von äußeren Dingen, in der Stille, zeigt sich das Wesentliche,
die Essenz des Lebens, der eigentliche Wert
eines jeden Lebens.

Komm immer wieder in den Tempel der Stille, den du in der Natur unter hohen, starken
Bäumen finden kannst. Gerade hohe Nadel-
bäume ziehen deinen Geist nach oben zu lichten, reinen Welten."

Buche an der Ebersteinburg:

Am Waldrand nahe der Burg stehen mehrere
Buchen dicht beieinander. Ich bemerkte, dass
der Ast des einen Baumes quer in einen Ast
des neben ihm stehenden Baumes hineinge-
wachsen war, ihn, wie mir schien, verwundet
hatte. Ich verband mich mit dieser verletzten
Buche und nahm ihre Empfindungen auf:

„Ich mache Platz, nehme dich ganz auf und umfange dich."

Ich spürte, sie fühlte sich nicht bedrängt oder verletzt, wie ich dachte, sondern auch hier war die Einheit von allem Sein erkennbar. Dazu gehört auch das Geschehenlassen von Situationen, die nicht zu ändern sind, und dabei doch in Liebe und innerer Harmonie zu bleiben.

Kopfweide an einem Bach:

An einem Frühsommerabend ging ich in der Dämmerung an einem Bächlein spazieren. Am Ufer stand eine Kopfweide, die in dem schwindenden Licht wie ein bizarres Wesen aussah. Ich blieb stehen und betrachtete sie. Da sprach sie, wie mir schien, etwas traurig:

„Ihr Menschen habt mich zu einem Gespenst gemacht und dabei wäre ich doch gern ein schöner Baum geworden."

Ich antwortete ihr, dass ich sie verstehe und erklärte ihr, dass die Menschen aus ihren Zweigen viele schöne und nützliche Körbe machen und es also einen Sinn hat, dass sie immer wieder so gestutzt wird.

In meiner Empfindung spürte ich, dass es dem Baum gut tat, den Grund für das Handeln der Menschen zu erfahren und dass es ihr anschließend besser ging.

An einem sonnigen Frühsommertag unter einer Birke:

„Lausche den Stimmen der Natur und empfinde dich als Teil davon. Stimme innerlich ein in den Jubel der Lerchen. Sie sind sorgenfrei und singen zur Ehre ihres Schöpfers. Sie leben im Augenblick und sind glücklich. Sie wissen nichts von der Vergangenheit und von der Zukunft. Jetzt ist das Leben, jetzt ist die Fülle.

Nimm das Leben mit allen Sinnen auf: höre, spüre, rieche und fühle es mit geschlossenen Augen. Das Leben ist in dir, und du bist ein Teil davon.

Spüre den Strom des Lebens in dir, lass dich durchströmen von der Freude, der Liebe und der Kraft, die die Natur dir schenkt. Antworte ihr mit deiner Liebe und Achtung und geh sorgsam mit ihr um.“

Ahorn auf dem Merkurberg:

Auf dem Merkurberg bei Baden-Baden fiel mir ein Ahorn durch seine besondere Kronenform auf. Seine Äste strebten aus der Mitte weg. Sie wuchsen quirlförmig nach außen, so dass die Baumkrone in der Mitte wie ein Trichter geöffnet war. Ich vermutete, dass dieser Ahorn auf einem Energieplatz steht und deshalb so gewachsen war.

Als ich mit dem Baum Kontakt aufnahm, sprach er:

„Du hast es richtig erkannt. Ich stehe auf einem besonderen Platz, wo ich die Energien des Kosmos wie mit einem großen Trichter auffange und sie in die Erde weiterleite. Dieser Platz ist ein Energieplatz und Heilungspunkt für die Erde und für alles Leben in der Umgebung.

Wie bei euch Menschen die Akupunkturnadeln, wenn sie an die richtige Stelle eures Körpers gesetzt werden, die Energiebahnen des menschlichen Organismus harmonisieren, helfe ich an diesem Ort die Energiebahnen der Erde zu beruhigen und zu harmonisieren."

Dieser Ahornbaum und ein zweiter, der eine ähnlich auffallende Wuchsform hat, stehen in unmittelbarer Nachbarschaft des Merkurreliefs, das aus der Römerzeit (1.-3. Jhd. n. Chr.) stammt und dem Berg den Namen gab, nachdem es in einem späteren Jahrhundert hier gefunden wurde. Dieser Berg soll, wie die Historiker sagen, ein römisches Heiligtum für den Gott Merkur gewesen sein.

Nun ist bekannt, dass die alten Völker ihre Tempel immer an sogenannten Kraftplätzen, also Orten mit besonderen Energien, bauten.

Auf der gegenüberliegenden Seite des Berges, in der Richtung, in der die große Sendeanlage strahlt, gibt es viele kranke und verkümmerte Bäume, sowie größere verwüstete Flächen. Der starke Sender scheint einen großen Teil der Kraft dieses Berges auf dieser Seite umgekehrt zu haben.

Der Wald

In Parks, in denen die Bäume mit genügend Abstand gepflanzt wurden und wo ein Baum nur gefällt wird, wenn er so alt oder krank ist, dass er zusammenzubrechen droht, können die Bäume ihre Lebensenergie voll entfalten. Anders ist es in unseren normalen Nutzwäldern. Dort stehen die Bäume meist so dicht, dass sie keine ausladenden Kronen bilden können und auch ihre Wurzeln nicht genügend Platz haben, um sich auszubreiten. Diese Bäume wurden nur gepflanzt, um bei entsprechendem Stammumfang wieder gefällt und zu allen möglichen Dingen verarbeitet zu werden.

In solchen Wäldern spüre ich oft weniger Energie, als in Gebieten, wo die Bäume ihrem Lebensplan entsprechend wachsen und reifen können. Mir scheint es, als wenn die Baumseelen sich gar nicht richtig in diesen Waldbäumen verankern. Das ist auch mit ein Grund dafür, dass unsere modernen Wälder so anfällig sind gegen Schädlinge, sauren Regen und Sturm. Energiearme Menschen werden auch leichter von Krankheiten befallen, als starke, kraftvolle. Um möglichst lange Stämme zu bilden, werden die Waldbäume so eng gepflanzt, dass ihre Kronen sich nicht richtig ausbilden können, weil sie auf der Suche nach Licht immer höher wachsen und trotzdem immer noch von den Nachbarbäumen eingeengt werden. Ebenso sieht es unter der Erde aus. So schmächtig wie die Kronen ist auch das Wurzelwerk. Es kann schon einem mittleren Sturm nicht mehr standhalten.

Wenn der Mensch nicht ständig störend eingreift, bildet ein Wald eine harmonische Lebensgemeinschaft mit den verschiedenen kraftvollen Lebewesen.

An einem sonnigen Frühlingstag machte ich einen Spaziergang in einen lichten Mischwald in der Nähe meines Wohnortes. Als ich den Kontakt zu einer schönen hohen Buche suchte, schwieg sie. Doch ich spürte ihre Energie durch meinen Körper strömen, als ich mich mit dem Rücken gegen ihren Stamm lehnte. Dann empfing ich in mir:

„Ich bin der Wald, eine Gemeinschaft von Bäumen, Pflanzen und Tieren. Lass dich durchströmen von dieser Symbiose. Eins braucht das Andere. Kein Lebewesen kann ohne die anderen bestehen. Spüre unser Leben in dir. Höre, sieh und fühle wie jetzt im Frühling alles seine neue Kraft entfaltet, wie Freude und Lebendigkeit Tiere und Pflanzen durchströmen. Alles ist im Aufbruch, ist bereit für den nächsten Wachstumsschritt."

Botschaften von Blumen und Heilpflanzen

Wie mit Bäumen, so kann man auch mit allen anderen Pflanzen Kontakt aufnehmen.

Die Strahlkraft einer Pflanze können Sie spüren, wenn sie in einigem Abstand die Handflächen wie eine Schale darüber halten.

Machen Sie doch mal eigene Erfahrungen damit!

Halten Sie Ihre Hände über eine Pflanze, die auf normalem „gutem" Boden wächst und dann über die gleiche Pflanze, die auf trockenem, felsigen Boden steht und deshalb viel kleiner ist. Sie werden staunen!

Prüfen Sie auch mal die Energie der gleichen Pflanze zu verschiedenen Tageszeiten. Es gibt so viel zu entdecken, und wer sich auf diese Entdeckungsreise begibt, wird sicher zukünftig mit viel Respekt und Achtsamkeit durch die Natur gehen.

Diese Botschaften erhielt ich von verschiedenen Pflanzen:

Rosen im Gönnerpark, Baden-Baden:

„Unseren Duft, unsere vollkommene Anmut und unsere Liebe verströmen wir absichtslos, gleich ob sie bewundert werden, oder ob jemand achtlos und in Gedanken versunken an uns vorüber geht. Lasst euch berühren von Schönheit, Zartheit und Vollkommenheit, von unseren sanften und doch strahlenden Farben und dem Hauch der unendlichen Liebe, die jede einzelne Rose ausströmt."

Mein kleiner Lorbeerstrauch:

Nach einer Reihe sonniger, warmer Frühlings-
tage hatte ich einige Pflanzen, die im Haus
überwintert hatten, auf die Terrasse gestellt.
Ich freute mich über den kleinen Lorbeer-
busch, der schon nach wenigen Tagen im
Freien einige frische, grüne Blätter entfaltet
hatte und vor Gesundheit und Lebenskraft zu
strahlen schien. Als ich mich auf ihn einstellte,
sprach er:

„Ich bin verbunden mit allen Lorbeersträu-
chern, die jemals auf der Erde gewachsen sind
und heute wachsen. Auch wenn ich hier allein
stehe, bin ich Teil der großen Familie. Ich bin
ein Kind aus wärmeren Bereichen. In Grie-
chenland bekränzte ich einst deine Stirn, als
du als Dichterin geehrt wurdest.

Ein Zweig von mir wurde dir ein anderes Mal
an anderem Ort überreicht als Ehrung und
Dank.

Dein Leben war mehrmals mit meinem ver-
knüpft. Eine weiße Taube überreichte dir einen Lorbeerzweig, weil du mit deiner Heilkraft ihr Leben gerettet hast.

Oftmals stand ich in deinen Gärten im Mit-
telmeerraum und wurde von dir geliebt und
gepflegt und diente dir dafür mit meiner Heilkraft, die du erkannt und genutzt hast. Meine

Heilkraft dient der Ausscheidung und Anregung im Magen-Darm-Blasen-Bereich. Du kannst einen Sud aus meinen Blättern zubereiten und davon trinken. Er stärkt auch die Bauchspeicheldrüse."

Im Garten:

Im Frühling half ich meiner Freundin den Gemüsegarten an ihrem neuen Haus anzulegen. Sie zog lange gerade Reihen und säte oder pflanzte je eine Gemüseart oder Kräuterart in jede Reihe.

Da sprach der göttliche Geist, der ja auch der Geist der Natur ist:

„Verbinde dich, wenn du in der Natur arbeitest, mit den Samen, mit den Pflanzen, denke ihnen Wachstum und gutes Gedeihen zu. Verbinde dich mit jedem Samen, den du in die Erde legst, tu alles ganz bewusst. Sie danken es dir durch gutes, kräftiges Wachstum. Du spürst dann auch, was sie brauchen an Erde und Wasser und wo der rechte Platz für sie ist. Säe nicht in Reihen, sondern in Gruppen. Die Pflanzen möchten Kommunikation untereinander."

Die Brennnessel, ein „Unkraut" mit großer Heilkraft:

Ein Verwandter von mir ist an einer aggressiven Form von Rheuma erkrankt. Als ich nach einem Heilmittel für ihn fragte, erhielt ich folgendes Rezept:

Täglich, mindestens 14 Tage lang, besser länger, zwei Liter Brennnesseltee trinken. Die Brennnesselspitzen werden dafür täglich frisch gepflückt.

Diesen Tee aus drei Stängeln auf ½ l Wasser nur 1-2 Minuten ziehen lassen und zum Trinken jeweils frisch aufbrühen. Tee aus frischen Pflanzen schmeckt sehr gut. Er ist nicht zu vergleichen mit Tee aus getrockneten Blättern.

Gleichzeitig sollte täglich in einem Aufguss aus einer größeren Menge frischer Brennnesseln gebadet werden.

Diese Kur macht man am besten im Frühling, wenn die Brennnesseln noch nicht blühen. Dann haben sie die größte Kraft.

Die für einen Kranken besten, wirksamsten Heilpflanzen wachsen immer in der Nähe seines Hauses. Ernten Sie die Brennnesselspitzen oder auch andere Kräuter in Ihrem Garten oder in Ihrem näheren Umkreis.

Kartoffeln zur Entgiftung:

Während der Brennnesselkur ist eine Kartoffeldiät sehr hilfreich.

In dieser Zeit sollten zu allen Mahlzeiten nur gekochte Pellkartoffeln gegessen werden, die mit frischen Kräutern und etwas Leinöl oder Sesamöl verfeinert werden können.

Man kann auch Kartoffelwasser oder rohen Kartoffelsaft trinken.

Da durch diese Behandlung besonders viele Giftstoffe und Säuren im Körper in Bewegung kommen, sollte ein gutes Basenpulver zusätzlich genommen werden. Die Wirkung der Kur, wie aller Heilbehandlungen, kann sehr verstärkt werden, wenn der Heilung Suchende zusätzlich seine Organe und Zellen anspricht und zur Mitarbeit auffordert, wie in meinem 1. Buch „Gott ist unser Licht" erklärt wird.

Diese Kur verlangt ein gewisses Maß an Zeit und auch Disziplin. Wenn Sie, liebe Leserin, lieber Leser, mit dieser Kur Erfahrungen machen, wäre ich für einen Bericht sehr dankbar.

Kapuzinerkresse in meinem Garten:

„In mir ist die Energie des Lebens, die Kraft der Natur, der ganzen Schöpfung. Spüre meine Kraft in dir. Es ist die Kraft des Ganzen, der Allkraft, die alles durchströmt und erhält. Nimm meine Kräfte in dich auf, die Kräfte des Lichts, der Erde und der Elemente."

Als ich nach der Heilwirkung der Kapuzinerkresse fragte, erfuhr ich:

„Blüten und Blätter wirken reinigend. Sie können giftige Stoffe binden und zur Ausscheidung bringen. Sie wirken auch Haut reinigend und klärend bei Pickeln und unreiner Haut."

Kleingeschnittene junge Blätter schmecken, ebenso wie die leuchtenden Blüten, sehr gut als Zutat und Farbtupfer im Salat.

Ein Rezept zum Ausprobieren:

In eine weithalsige 1 Liter-Glasflasche 2 Esslöffel Honig und den Saft von einer Zitrone geben. Mit gutem Apfelessig bis zur Hälfte auffüllen und verschütteln, bis der Honig sich weitgehend gelöst hat.

2 Hände voll Kapuzinerkresseblüten dazu geben. Wieder gut schütteln und so viel Essig auffüllen, dass die Blüten gut bedeckt sind.

Die Flasche einige Tage in die Sonne stellen. Danach im Kühlschrank aufbewahren.

Anwendungen:

Innerlich: 1 EL der Tinktur auf 1 Glas Wasser morgens nüchtern und vor dem Mittagessen getrunken, steigert die Abwehrkräfte, fördert den Stoffwechsel und wirkt gegen schädliche Mikroorganismen.

Äußerlich: Die Tinktur 1:2 mit Quellwasser oder gutem Leitungswasser verdünnt wirkt gut bei fettigem oder strapaziertem Haar, wenn man die Haare nach der Haarwäsche damit spült.

Die Tinktur 1:4 mit Quellwasser oder gereinigtem Wasser verdünnt und zur Gesichtsreinigung 2mal täglich mit einem Wattebauch aufgetragen, klärt die Haut. Danach die übliche Tages- oder Nachtcreme verwenden. Für eine Gesichtsmaske kann die Tinktur mit einer halben Avocado gut vermischt werden. Nach einer viertel bis halben Stunde Einwirkzeit wird die Maske mit klarem Wasser abgespült. Diese Maske pflegt trockene oder auch ältere Haut.

Fingerhut:

Auf einem Waldspaziergang fand ich auf einer sonnendurchfluteten Lichtung viele blühende Fingerhutpflanzen. Als ich stehen blieb, um sie zu betrachten, sprach eine besonders kräftige Pflanze zu mir:

„Nimm meine Blütentraube sanft in deine Hände und betrachte mich. Dann neige mich mit beiden Händen zu deinem Herzen und halte mich dort. Spüre meine Energie und Heilkraft in dich einströmen."

Eine neue Erfahrung: Wir brauchen nicht in jedem Fall die Pflanze abzupflücken. Wenn wir die lebendige Pflanze einige Minuten achtsam und dankbar in den Händen halten, schenkt sie uns auch so ihre Heilkräfte und kann weiterleben.

Meine Engelstrompete:

Auf meiner Terrasse steht ein Kübel mit einer Engelstrompete. Im Frühling hatte ich sie als Ableger von einer Freundin bekommen. Nun, im August, trägt sie, obwohl sie noch recht klein ist, viele honiggelbe, duftende Blüten.

Als ich bewundernd vor ihr stand, sprach sie:

„Ich strebe zum Licht und bringe ihm mit der Schönheit meiner Blüten und ihrem Duft meinen Dank und meine Verehrung dar. Ich bin ein Kind des Lichts, der Sonne und der Wärme. Zartheit und Zärtlichkeit ist das Wesen meiner Blüten.

Ich freue mich, dass du ihre Schönheit und Zartheit empfindest und dich an ihrer Farbe und ihrem Duft erfreust. Das Schöpfungslicht ist in mir, so wie in dir. Freude, Liebe und Schönheit sind göttliche Energien, die wir geschenkt erhalten, um sie zu verschenken."

Einige Tage später saß ich in der Abenddämmerung auf der Terrasse. Die Engeltrompete duftete köstlich und trug nun noch mehr Blüten. In Gedanken sagte ich zu ihr:

„Ich bewundere deine Schönheit und deinen Duft, und ich liebe dich."

Sie antwortete mir:

„Meine Schönheit ist auch in dir, denn du und ich, wir sind eins. Es gibt keine Trennung, kein Innen und Außen. Tauche ein in meinen Duft, dann spürst du die Einheit."

Ich tauchte mein Gesicht in eine Blüte und sog ihren zarten Duft ein.

Sie sprach weiter:

„Du bist im Duft, du bist in mir. Du bist ein Teil von mir, wie ich Teil von dir bin. Deshalb liebst du mich und fühlst dich immer wieder zu mir hingezogen. Deine Liebe und Fürsorge hat mich in diesem Glanz und dieser Fülle erblühen lassen. Was geliebt wird, kann sich voll entfalten und erblühen.

Deine Liebe trägt mich und ich schenke dir meine Liebe in der Schönheit, der Freude, dem Duft. Du spürst mich in Dir. Das ist die innere Kommunikation, die Kommunikation des Lichts."

Eine Distel:

Bei einem Abendspaziergang mit einer Freundin sah ich am Rand eines Waldweges eine schöne Distelpflanze. Der Wald dahinter lag schon ganz im Dunkeln. Ich blieb stehen und verband mich kurz mit der Pflanze.

Während ich so still vor der Distel stand, hatte ich den Eindruck, ihre Blütenköpfchen nickten mir zu, als wenn sie mich begrüßten.

Auch meine Freundin hatte das beobachtet und sprach mich verwundert darauf an. Ich hatte vorher nicht über mein kleines Erlebnis gesprochen, und erhielt so die Bestätigung, dass meine Wahrnehmung richtig war und ich mich nicht etwa getäuscht hatte.

Am nächsten Morgen hatte ich die Empfindung, die Distel rufe mich und ich bin noch mal allein zu ihr gegangen. Im Tageslicht sah ich nun, dass sie am Rande eines Platzes wuchs, wo die Menschen ihre Gartenabfälle entsorgten und bedauerte, dass diese schöne Pflanze an einem so ungepflegten Platz wuchs.

Ich verband mich wieder mit der Distel und sie sprach: „Ich wachse und blühe dort, wo mein Same hinfällt. Die Bedingungen kann ich mir nicht aussuchen, wohl aber das Beste daraus machen.

Rein und unversehrt wachse und blühe ich an diesem Platz und biete Nahrung für die Tiere, die zu mir kommen. Ich gebe Nahrung und Freude und empfange das Licht, das mich durchstrahlt und die Nahrung aus der Mutter Erde."

Nachdem ich mich von der Distel verabschiedet und mich bedankt hatte, ging ich nachdenklich meinen Weg zurück. Wie unterschiedlich doch wir Menschen und die Pflanzen ihr Schicksal betrachten und damit umgehen.

Wasser

Meine erste geistige Begegnung mit dem Wasser hatte ich an einer Quelle im Spessart, an der ich gern mein Trinkwasser hole. Als ich mit geschlossenen Augen über dem strömenden Wasser stand, fühlte ich es, als wenn es durch mich hindurchströmt. Es war kein Unterschied mehr zwischen dem Wasser und mir. Ich war das Wasser.

Es sprach zu mir:

„Lass alles was geschieht durch dich hindurchströmen, Gutes und Negatives, halte nichts fest. So bleibst du im Fluss des Lebens."

Einige Zeit später holte ich wieder Wasser an dieser Quelle. Als ich mich im Inneren mit ihr verband, hörte ich den göttlichen Geist durch die Quelle zu mir sprechen:

„Ich bin die Quelle des Lebens, und diese Quelle ist in dir. Ich durchströme jede Zelle deines Körpers mit dem göttlichen Lebensstrom. Ich bin auch im Wasser dieser Quelle, die frisch und rein aus der Erde strömt zur Erquickung für die, die es zu schätzen wissen. Spüre, wie die Kraft der Quelle dich durchströmt, spüre die Wärme der Sonnenstrahlen auf deiner Haut und lausche auf die Klänge der Natur: das lebendige Plätschern des Wassers, den Gesang der Waldvögel, das Summen der kleinen Insekten. Lass dich berühren vom Windhauch, von Sonne und kühlem Wasser. Du bist ein Teil von allem und alles ist ein Teil von dir."

Am Wasserfall im Triefensteiner Wald:

In der Nähe meines Wohnortes gibt es ein schönes Waldgebiet, das steil ansteigt. Dort klettere ich im Sommer gern einen Bachlauf mit wenig Wasser aber riesigen Felsen hinauf. Diese Kletterpartie ist nicht ganz ungefährlich, weil manche Steine glitschig sind und man leicht abrutschen kann.

Die Belohnung für diese Mühe ist ein wunderschöner Wasserfall am Ende des Baches. Das Wasser rinnt silbrig glitzernd über bemooste und mit kleinem Farn bewachsene Felsbrocken. Ich kann Naturwesen nicht sehen, aber ich spüre gerade hier ganz stark ihre Anwesenheit, wenn ich mich still auf einen angeschwemmten Baumstamm setze und diese fast märchenhafte Umgebung in mich aufnehme.

In meinen Empfindungen bin ich dann ganz ein Teil der Natur, Teil des Wassers, das mich durchströmt, auch Teil des Windes und der Felsen.

Dort empfing ich:

„Empfinde die Natur mit all deinen Sinnen, höre das stetige Plätschern des Wassers, das dich umgibt, das Zwitschern der Vögel. Empfinde die kühle Luft an diesem heißen Sommertag, rieche den Duft von Moos und Blütenhauch, den die Luft dir zuweht, sieh das Glitzern der Wassertropfen auf dem Moos.“

Ein anderes Mal hörte ich die Natur zu mir sprechen:

„Im Rhythmus der Unendlichkeit strömt das Wasser von den Felsen zu Tal. Alles ist in Bewegung, alles strömt und verändert sich von Sekunde zu Sekunde. Es gibt keinen Stillstand. Bewege dich vorwärts wie das Wasser, bleibe im Fluss des Lebens. Halte nichts fest, was vorüberströmen möchte.

Übergib dich dem Leben ganz und ströme deinem Ziel entgegen. Der ständige Wandel bringt Entwicklung. Sei immer bereit, den nächsten Schritt zu tun, auch wenn er ein Schritt ins Ungewisse ist. Es gibt nie Stillstand im geistigen Leben, es geht nur voran. Füge dich ein in den Strom des Lebens und folge deiner Bestimmung, deiner Aufgabe, die du einst freiwillig angenommen hast."

Wenn ich in Baden-Baden bin, hänge ich an die Ausstellungszeit gern noch ein paar Urlaubstage an, die ich für lange Spaziergänge nutze.

Wasserfall im Grobbach:

In der Nähe von bei Baden-Baden gibt es den Geroldsauer Wasserfall im Grobbach.

Das Wasser des Baches umströmt viele große Steine und Felsen. Auf einen dieser Felsen, den ich vom Ufer aus gut erreichen konnte, kletterte ich und fand einen bequemen Sitzplatz auf dem Trockenen, doch von allen Seiten vom Wasser umflossen und mit Blick auf den Wasserfall. Da hörte ich den Bach:

„Stetig und beständig ströme ich. Es gibt keinen Stillstand, kein Verweilen. Es geht nur vorwärts mit aller Kraft. Auch zwischen Felsen gibt es immer einen Weg für mich. Wenn ich einmal einen Umweg fließen muss, geht es doch ständig in raschem Tempo voran. Was sich mir in den Weg stellt, überwinde ich mit Geduld und Ausdauer."

Ein anderes Mal besuchte ich den Grobbach wieder, wanderte an seinem Ufer bis zum Wasserfall hinauf, und suchte mir einen guten Platz, um mich auszuruhen. Als ich dort ganz entspannt lag, empfing ich:

„Mit geschlossenen Augen hörst du mein gewaltiges Rauschen, das dich ganz einhüllt und umströmt. Spüre, wie die Grenzen zerfließen, wie du mehr und mehr Teil von mir bist, wie ich in dir ströme. Ich bin nur ein kleiner, lebhafter Bach. Doch in meinem Rauschen rauschen alle Bäche und Flüsse, alles strömende Wasser, mit dem ich verbunden bin. Alle Flüsse sind in mir, und ich bin Teil allen Wassers auf der Erde. Auch in dir ist Wasser, in jeder Zelle deines Körpers ist Wasser. So bist auch du verbunden mit allem Wasser, das auf der Erde fließt. Deshalb kannst du mein Rauschen und Strömen in dir wahrnehmen."

Die Ostsee bei Schwansee

Während eines Sommerurlaubs an der Ostsee sprach das Meer im Rhythmus des An- und Abflutens der Wellen an den Strand:

„Ich durchflute und durchströme dich mit meiner Macht in immerwährender Beständigkeit. Höre, wie meine Wellen in gleichmäßigem Rauschen an den Strand wogen und wieder zurück in die Weite des ganzen Meeres, Stunde um Stunde, Tag und Nacht, Jahr für Jahr im ewigen Gleichmaß und doch immer wieder neu und anders, veränderlich in jedem Augenblick.

So ist der Lauf des Lebens, Kommen und Gehen, immer gleich und doch immer wieder neu und anders."

Der Geist des Windes

Nach einem stürmischen und regnerischen Tag hatte sich das Wetter am Abend beruhigt. Ich machte einen Abendspaziergang und setzte mich auf einer kleinen Anhöhe auf eine Bank. Still nahm ich die Naturstimmung in mich auf.

„Friede und Liebe sei mit dir. Ich umwehe dich mit Meinem Geist, der in allem wirkt. Die Geister der Luft sind um dich. Du spürst ihr Wehen, sanft und rein. Sie klären deinen Geist und nehmen alles mit, was dich belastet, alle einengenden Gedanken. Höre das Rauschen in den Bäumen über dir und um dich, spüre den kühlen Hauch. Fühle dich verbunden mit den Kräften der Natur und der Elemente, und empfinde ihre Freundschaft und Nähe. Danke ihnen, begegne ihnen in Liebe und sie werden dir dienen. Bevorzuge kein Wetter. Jedes Element hat sein Recht und seine Aufgabe in der Schöpfung. Liebe es so wie es ist. Erfreue dich an Sturm und Regen ebenso wie an Sonnenschein und Wärme. Werte und urteile nicht. Ehre und achte jedes Wetter und freue dich über das Spiel der Elemente, auch wenn sie toben und tosen und ihre Kraft entfalten."

Das Wesen verschiedener Landschaften

So wie jeder Baum, jede Pflanze einen eigenen „Charakter" hat, so hat auch jede Landschaft, jedes kleinere oder größere Gebiet seine besondere Ausstrahlung, die wir bewusst oder meist unbewusst spüren, wenn wir uns an einem Platz wohlfühlen und an einem anderen nicht.

Dazu gab mir der Gottesgeist folgende Erklärung:

„Die Natur ist magnetisch. Bestimmte Orte und Stellen ziehen euch an, zu anderen habt ihr keine Beziehung. Die Plätze oder Landschaften, die euch anziehen, kennen euch. Dort oder an sehr ähnlichen Stellen habt ihr euch früher schon einmal aufgehalten auf einem eurer vergangenen Wege über die Erde.

So begrüßen sie euch heute wieder als alten Bekannten und ihr fühlt euch wohl und geborgen dort und erfreut euch an der Landschaft, der Umgebung. Euer früheres Leben ist dort gespeichert. Deshalb können sensible Menschen an solchen Plätzen auch etwas über ihr früheres Leben erahnen oder in sich erfahren.

Meist ziehen euch Gebiete an, mit denen ihr durch frühere positive freudige Erlebnisse verbunden seid. Gegenden, in denen euch Unheil widerfahren ist, machen euch eher Angst oder sind euch unheimlich, ihr meidet sie.

Wer früher einmal im Meer umgekommen ist, reist heute nicht gern mit dem Schiff oder macht keinen Urlaub am Meer. Das sind uralte unbewusste Erinnerungen, die eurem Verstand nicht zugänglich sind, die aber als Empfindungen in euch gespeichert sind. Ebenso geht es euch mit Menschen, die ihr meidet. Oft sind es alte Bekannte, die euch einmal Unrecht oder Schlimmeres getan haben. Es kann auch sein, dass ihr selbst einem Menschen geschadet habt und ihn deshalb heute meidet.

Durch Vergeben und im Herzen um Vergebung bitten lösen sich diese alten Bindungen auf und ihr werdet mehr und mehr frei davon."

Auf dem Hohentwiel:

„Du spürst die urgewaltigen Kräfte, die von Anbeginn der irdischen Zeiten hier wirken und heute wieder von vielen empfänglichen Menschen erkannt werden. Auch die grausa-

me Geschichte hat ihnen nichts anhaben können. Sie sind unveränderlich da. Du spürst die
kraftvolle Verbindung zur Mutter Erde, die
sich an diesem Platz besonders verströmt.

Die Kette der Ereignisse, die ihr Geschichte
nennt, geht über die Erde hinweg. Die Erde
erträgt sie und spendet ihre Energie all denen,
die dafür offen sind. Dankt der guten Mutter
Erde immer wieder für diese Kraft, die alle
und alles erhält.‘‘

Wacholderhain in der Lüneburger Heide:

An einem Sommertag besuchte ich in der A-
benddämmerung eine sanft gewellte Heide-
landschaft mit vielen alten Wacholderbü-
schen. Mir fielen alte Geschichten ein, in denen die Heide und der Wacholder oft als unheimlich dargestellt werden.

Doch als ich die Schwingung aufnahm, spürte
ich die Ausstrahlung von Genügsamkeit und
Ausdauer. Diese Sträucher wachsen langsam
und können auf äußerst kargem Boden überleben. Ich spürte, sie schenken Geborgenheit
und haben für uns eine Schutzfunktion.

Im Spöktal:

In einem mit wunderschönen Moospolstern bewachsenen sumpfigen Quellgebiet mit kleinem Rinnsal verband ich mich mit den dort spürbaren Naturwesen:

„Freude ist in uns über jeden Menschen, der sich uns bewusst und mit liebevollen Gedanken zuwendet. Wir wirken still und unermüdlich für das Gleichgewicht in der Natur. Die Gesetze der Natur sind zeitlos gültig. Wir leben in dieser zeitlosen Harmonie. Der Mensch in seiner Maßlosigkeit hat das Gleichgewicht in der Natur gestört und zerstört es immer weiter.

Es gibt nur noch wenige Stellen in der Natur, an denen wir ungestört in Frieden wirken können. Immer weiter müssen wir uns zurückziehen in Gebiete, die der Mensch in seiner Gier noch nicht verwüstet hat.

Die Natur wächst langsam und verändert sich nur in langen Zeiträumen. Doch der Mensch braucht nur wenige Tage, um das zu vernichten, was in Jahrhunderten gewachsen ist.

Wir danken euch, allen bewussten Menschen, die der Natur mit liebevollen, dankbaren und heilenden Gedanken helfen. Das vermehrt die positive Energie für unsere Arbeit.

Alles ist Energie. Jeder positive Gedanke an die Natur stärkt und hilft uns. Jeder Mensch, der sich selbstlos an der Schönheit einer Landschaft, eines Baumes, einer Blume erfreut, sendet heitere, freundliche Energien aus, mit denen wir wieder wirken können."

An einer kleinen Feldkapelle:

In der Nähe meiner Wohnung steht eine kleine Kapelle, die ich auf meinen Spaziergängen gern aufsuche. Auf dem Weg kurz vor der Kapelle schloss ich die äußeren Augen, um mit den inneren zu sehen. Ich sah die Kapelle im Licht und die Birken daneben als helle Lichtflammen.

Danach war die Kapelle von mehrfarbigen Lichtkreisen umgeben, in der Mitte war viel Magentarot.

Ich spürte, die Kapelle oder dieser Platz hält die Energie für das Dorf und die Felder. Es war eine Empfindung von Licht und Kraft. Dann hörte ich in mir:

„Licht und Kraft strahlt von diesem Ort aus über die ganze Umgebung, die vor dir liegt. Menschen, Tiere und Pflanzen empfangen das Licht und die Liebekraft, die von hier ausströmt. Dadurch empfangen sie Heilung und Segen und friedvolle Gedanken."

Gott in der Natur

Alles in der Natur, alles was ist, ist Teil des unendlichen göttlichen Bewusstseins. Niemand und nichts ist jemals wirklich getrennt davon, auch wenn es der Mensch oft so empfindet.

Auf einem langen Spaziergang an einem warmen Sommertag an blühenden Wiesen im Spessart entlang empfing ich in mir:

„Geh mit Liebe und Achtung in die Natur. Sei allzeit bewusst

mit Gott
in Gott
bei Gott.

Dann schenkt sich dir die Natur in all ihrer Schönheit, Liebe und Fülle."

Als ich nach der genauen Bedeutung fragte, erfuhr ich in mir:

Ich bin

mit Gott, wenn ich die Verbindung zu Ihm in mir halte,

in Gott bin ich in der Natur, die ein Teil Gottes ist,

bei Gott bin ich, wenn ich mit meinen Gedanken bei Gott bin.

Ein anderes Mal sprach Gott zu mir:

„...Freut euch am Tag und dankt für alles Schöne, was ihr seht, was euch begegnet. Dankt für den strahlenden Himmel, den Sonnenschein, die milde Luft an diesem Tag und ahnt den Frühling, der sich in der ganzen Natur ankündigt. Freut euch über die ersten Blüten, über das Erwachen der Natur zu neuem Leben.

So erwacht auch ihr immer mehr zum Leben in Mir. Ich will euch leicht und frei machen. Seid freudig und geht liebevoll um mit jedem und allem, was euch begegnet. Die Liebe ist die höchste Kraft im ganzen Universum. Erweckt die Liebe immer mehr in eurem Herzen. Lasst Liebe aus euren Augen strahlen, aus euren Worten sprechen. Zeigt eure Liebe in euren Handlungen, und euch wird nur noch Liebe begegnen."

Am Morgen eines Regentages im Urlaub in der Heide stand ich auf dem Balkon und schaute in den Regen, der in dichten Schleiern fiel.

Da hörte ich in mir:

„Nimm den Regen in dich auf. Lass ihn durch dich hindurchfließen. Er klärt dein Inneres, spült alles hinaus, was festsitzt, aber nicht mehr zu dir gehört. Dieser sanfte warme Regen umströmt und durchströmt dich. Gib ihm alles mit, was du loswerden möchtest."

Ich antwortete:

„Lieber Regen, ich gebe dir alle Verletzungen, alle Trauer, allen Ärger mit, alle Gedanken an die Vergangenheit. Ich gebe dir auch alle körperlichen Beschwerden mit, die Verspannungen im Rücken, alle Gifte und Schwermetalle. Alles strömt nach außen, strömt aus mir heraus. An Seele und Körper gereinigt und erfrischt gehe ich in diesen Tag und fülle mich ganz mit Klarheit, Liebe, Verständnis, Mitgefühl und Gelassenheit."

Es folgen noch einige weitere Gottesworte, die sich auf die Natur und unser Verhalten zu ihr beziehen:

„In der Erde ist vielfältiges Leben, das jetzt im Winter ruht. Wenn im Frühling die Erde wieder auftaut, saugen diese Kleinstlebewesen begierig die Säfte auf, die von oben in die Erde sickern und die aus den Tiefen der Erde emporsteigen. Doch all diese Flüssigkeiten sind unrein, sie sind vergiftet durch vielerlei Schadstoffe, die die Menschheit produziert. So werden diese kleinen Helfer in der Natur geschwächt und vergiftet. Sie können nicht mehr wirken, wie es vorgesehen ist, und eure Nahrung, die in der Erde wächst, hat immer weniger Strahlkraft, wird immer weniger wert. So habt ihr mehr als ausreichend zu essen und verhungert doch, weil viele lebenswichtige Stoffe nicht mehr in den Nahrungsmitteln enthalten sind.

So werdet auch ihr geschwächt und damit anfällig für viele Krankheiten, die mehr und mehr um sich greifen. Segnet die Erde, segnet alles Leben in ihr und segnet alles, was sie hervorbringt. Stärkt auch das Licht in euch selbst. Anders könnt ihr in dieser Zeit nicht gesund überleben. Richtet euch mehr und mehr auf die Kräfte des Kosmos aus und nehmt seine Licht- und Liebekräfte bewusst in euch auf. Darin liegt eure Überlebenskraft.

Lasst die Licht- und Liebekraft des Kosmos von oben durch euren Körper strömen, atmet sie ein und strömt sie durch eure Füße in die Erde, atmet sie aus. So seid ihr Antennen für das göttliche Licht und heilt euch selbst und helft, die Erde zu heilen."

„Der Mensch hat sich entfremdet von der Natur. Er sieht nur noch ihren Nutzwert und beutet sie aus, um einen möglichst hohen materiellen Gewinn zu erzielen. Den wahren Wert der Natur hat er nicht erkannt. Nur wenige feinsinnige Menschen spüren die wahren Kräfte der Natur, ihre geistigen Kräfte durch die sie Leib und Seele gesund erhalten und geistig wachsen können.

Achtet und ehrt die Natur, dann achtet und ehrt ihr Mich und die gesamte Natur wird euch mit Freude dienen."

„Tiere, Pflanzen, Menschen, die ganze Natur, alles ist *eine* Energie. Wenn ihr das doch begreifen könntet und wenn es euch doch immer bewusst bliebe. Ihr seid nicht getrennt. Es gibt in Wahrheit nichts Einzelnes. Der Einzelne ist nur Teil einer großen Gesamtheit. Trennung ist Täuschung. Alles, jede Lebensform, ist untrennbar in das große Ganze verwoben, alles ist Eins.

Verbindet euch mit dem Baum, und ihr seid der Baum, verbindet euch mit dem Tier und ihr spürt seine Energien. So könnt ihr euch auch mit eurem Nächsten verbinden, euch in ihn hineinfühlen und ihr spürt ihn in euch und spürt, was er braucht im Inneren und im Äußeren. Das ist Schauen. Ihr seht und erkennt dann gleichzeitig und gebt aus eurem Inneren, aus der inneren Verbindung."

„Die Natur ruft dich. Höre ihren Ruf und folge ihm. In der Stille der Natur, in ihrer Schönheit und Harmonie erblüht dein Inneres und neue Aspekte zeigen sich.

Nutze die milden Frühlings- und Sommertage für ausgedehnte Aufenthalte in der Natur - Meiner Schöpfung - und lass dein Inneres sprechen. Lausche auf die vielfältigen Stimmen der Natur, die mit dir kommunizieren möchten."

Die göttliche Kraft der Liebe

„Ich bin eine Kraft, eine Energie voller Liebe, ohne gleich bleibende Form, aber in jeder Form enthalten. Ich bin Alles-was-ist und in allem, was ist, und alles, was ist, ist in Mir.

Fühlt Meine Liebe und Güte in allem, was euch begegnet. Auch im scheinbar Negativen ist nur Liebe und Güte. Es ist zu eurer Heilung und Entwicklung.

Ich bin Liebe.

Es gibt nichts außerhalb dieser Liebe, also gibt es nicht wirklich das Böse. Es ist eine Vorstellung, ein Gedankengebilde, eine zu kurze Sicht.

Erweitert eure Sicht, eure Perspektive, seht alles in großen Zeiträumen und großen Zusammenhängen.

Da gibt es nichts, was nicht gut und richtig und voller Liebe ist.

Die göttliche Mutterenergie, der weibliche Teil Gottes

„Ich bin die Mutter von allem was ist. Ich halte meine Hände schützend über die Erde, über die Natur und wecke den Sinn für ihre Schönheit und Verletzlichkeit in euren Herzen, damit immer mehr Menschen achtsam mit dem Leben umgehen.

Die erhaltende, schützende, liebende Kraft bin Ich, die göttliche Mutter. Meine Liebe durchströmt alles Lebendige. Sie berührt die Herzen der Menschen, macht sie weich und sanft und öffnet sie für Wärme und Mitgefühl.

Nichts kann bestehen ohne die erhaltende Liebeenergie, die aus Mir strömt."

Gaia

Und zum Schluss Gaia, unsere gute Mutter Erde, die uns trägt und erhält und uns alles schenkt, was wir für unser Erdenleben benötigen, obwohl wir Menschen sie so oft missachten, misshandeln oder einfach nur vergessen, dass sie ein lebendiges, fühlendes Wesen ist.

Auf dem Battert, einem Kraftort, bei Baden-Baden sprach sie zu mir:

„Ich bin Gaia, die Mutter Erde, und ich rufe dich, Erdenkind. Ich sorge für dein irdisches Leben, für alles was du für das Leben auf der Erde brauchst: Nahrung und Kleidung, kühles Wasser, Luft zum Atmen und die Schönheit der Natur, um deine Seele, dein Herz zu erfreuen und zu erheben. Liebe mich, denke bewusst an mich und danke mir für meine Gaben.

Die Menschheit hat vergessen, dass ich lebe, dass ich ein lebendiges, fühlendes Wesen bin und schändet mich und beutet mich tagtäglich aus. Doch die wenigen lichten und bewussten Menschen, die mich in ihrem Inneren wahrnehmen und liebevoll mit mir umgehen, liebevoll an mich denken, geben mir die Kraft und die Freude zurück, um weiter zu leben, euch alle weiter zu tragen, und das zu ertragen, was mir ständig widerfährt. Freue dich an den kleinen Tieren, dem Gesang der Vögel, dem Lufthauch, der dich berührt und geh dankbar für alles, offen, still und freudig auf mir dahin."

Einmal hörte ich von einer Gruppe spiritueller Menschen, die sich an besonderen Plätzen in der Natur zu Gebeten und Ritualen trafen, um die Erde zu heilen.

Als ich danach fragte, erhielt ich folgende Antwort:

„Ihr müsst nicht die Erde heilen, heilt euch selbst, dann heilt die Erde von ganz allein." Ich erfuhr auch: Wenn wir die Erde heilen wollen, tun wir meistens etwas im Äußeren, wenn wir jedoch an uns selbst arbeiten, um ein höheres Bewusstsein zu erlangen, verhalten wir uns in unseren Gedanken und Handlungen achtsam und liebevoll zu allem, auch zur Erde.

Durch diese innere Verbindung von immer mehr lichtvollen Menschen mit der Erde und der Natur verstärkt sich die Energie, und die Erde ist wieder der wundervolle Planet, der uns alles in Fülle und Reinheit schenkt, was wir brauchen.

Später sprach die Erde noch einmal zu mir:

„Mein Leben verläuft für euch unvorstellbar in Zeit und Raum, ebenso wie meine Größe für euch nicht wirklich vorstellbar ist.

Der höchste, dickste Baum ist auf mir weniger als ein Haar auf eurem Kopf. Doch ich bin ein fühlendes, empfindsames, lebendiges Wesen, wie ihr.

Bedingt durch meine Größe und die für euch unermessliche Dauer meines Lebens, laufen auch meine Reaktionen sehr viel langsamer ab, als ihr es euch vorstellen oder es gar wahrnehmen könnt.

Die Steine, die heute an die Oberfläche kommen, wurden vor Jahrmillionen geboren. Die Quellen setzen Wasser frei, das vor Jahrtausenden in meinem Erdreich versickerte.

Doch ich schlafe nicht.

Ich registriere alles, was auf mir geschieht und reagiere darauf.

Alles ist mit allem verbunden, alles ist von allem abhängig. Nichts kann für sich allein existieren ohne das feine Zusammenspiel aller Kräfte.

Darum seid euch bewusst, was ihr tut. Jede Ursache setzt eine Wirkung in Gang.

Der Boden, den ihr heute vergiftet, trägt morgen giftige Früchte. Das Wasser, das ihr heute verunreinigt mit unnatürlichen Chemikalien, wird diese nicht wieder los, sondern bringt sie euch nach Jahren, Jahrzehnten oder Jahrhunderten wieder zurück. Der Kreislauf des Lebens geht immer weiter. Glaubt nicht, dass andere ernten werden, was ihr heute sät, nein, ihr selbst werdet eure Ernte einbringen in einem eurer weiteren Leben. Ihr habt es selbst in der Hand, wie euer Leben in hundert, zweihundert oder noch mehr Jahren sein wird.

Ich trage euch, doch eure Leben gestaltet ihr selbst. Denkt nicht nur von heute auf morgen. Denkt in größeren Zeitabläufen, seht die größeren Zusammenhänge.

Alles was ist und sein wird, gestaltet ihr mit."

Baumgesichter

Diese Augen sehen mehr

Ein Wächter

Krebsgesicht an einer kranken Eiche

„Baumgeist" im Wald von Holzkirchen

Diese Buche sieht mehr.

Wer mit dem Rücken an ihrem Stamm ganz
still wird, sieht viele Dinge seines Lebens
klarer und findet Lösungen.

Nachwort

Jeder Mensch ist anders und jeder hat in diesem oder einem früheren Leben Erfahrungen gemacht, die seine Gegenwart prägen und die gewisse Wahrnehmungen, die nicht mit unseren fünf Sinnen erfassbar sind, verhindern oder einschränken.

Auch ich habe lange gebraucht, dem Teil der Wirklichkeit in meinem Leben Raum zu geben und ihn öffentlich zu machen, den die meisten Menschen aus Angst vor dem Neuen und Unfassbaren oder vor der Beurteilung durch andere nicht zulassen, obwohl er auch in ihnen angelegt ist.

Immerhin hat es viele Jahrhunderte gegeben, in denen Menschen mit besonderen Fähigkeiten verfolgt, bestraft und vernichtet wurden.

Diese Erinnerung steckt als unbewusste Angst noch in den meisten von uns. Sie sitzt tief in unseren Körperzellen. Es sieht jedoch so aus, als wenn in unserer Zeit von Jahr zu Jahr mehr Menschen sich öffnen und den geistigen Wahrheiten erlauben, auch in ihrem Leben Platz zu haben.

Ich wünsche mir sehr, dass dieses Büchlein mit dazu beiträgt, noch mehr Menschen Mut zu geben, auf ihr Inneres zu hören, auf ihre Intuition zu achten und ihr zu vertrauen. Dann werden sie herausfinden, welche Wirklichkeit für sie selbst noch hinter der für uns alle sichtbaren existiert.

Noch ein Wort zur Wahrheit: Es gibt keine für uns alle gültige Wahrheit, habe ich erkannt, jeder Mensch hat seine eigene, nämlich die, die in seinem Inneren eine Resonanz erzeugt.

Mögen Sie Ihre Wahrheit finden und den Mut haben, sie zu leben, das

wünscht Ihnen

Norina

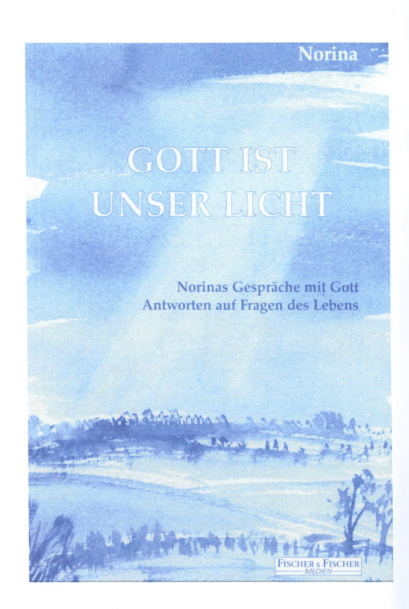

Norina

GOTT IST UNSER LICHT

Norinas Gespräche mit Gott
Antworten auf Fragen des Lebens

FISCHER & FISCHER
MEDIEN

Gott ist unser Licht

Norina, die früher als Kunsterzieherin arbeitete, lebt heute als freischaffende Künstlerin und spirituelle Beraterin in einem kleinen Dorf in Süddeutschland.

"Wenn Gott in jedem von uns ist, dann müsste ich doch auch mit Ihm sprechen können und Antworten auf meine Fragen erhalten", dachte Norina in einer schwierigen Umbruchszeit in ihrem Leben. Und sie begann in der morgendlichen Meditation, Gott innerlich Fragen zu stellen, auf die sie über das Innere Wort zuerst kurze und später immer ausführlichere Antworten bekam. Diese Gespräche mit Gott schrieb sie zweieinhalb Jahre lang in ihrem Tagebuch auf.

Es waren Fragen, die sie selbst bewegten und Fragen, die ihre Freunde hatten zu persönlichen Problemen, zur Gesundheit, Ernährung und auch zur aktuellen Weltsituation und zur Zukunft der Erde. Und Gott und Christus gaben ihr die Antworten, klar und deutlich, manchmal sehr ernst, aber immer voller Verständnis, gütig und liebevoll. Antworten auf Fragen, die jeden von uns bewegen und die viele schon gerne einmal selbst gestellt hätten.

Ein wunderbares Buch aus höchster Quelle, das hilft zu verstehen.

158 Seiten, kart., 12,90€ ISBN: 3-89950-038-5